Regarde,

Vive les amis !

Éric Battut
Professeur des écoles

Illustré par
Marion Piffaretti

Nathan

Noé est assis
sur le sol.

Il allume la lumière.

Il ramasse un livre.

Il veut lire.

Noé lit 3 mots :
– le lama, le lasso,
le salami.

le salami
le lama
le lasso

Noé rit.

Il réussit à lire.

Il est fort.

le salami
le lama
le lasso

Mila arrive.
Elle salue Noé.

Elle a vu un livre
sur le lit.

Elle veut lire.

– le li… li… l’o…
olo…
Hélas, Mila a du mal.

le livre
l'olive

Elle râle.

Et le livre ?

Elle l'a jeté.

Alors, une larme
arrive…
Noé a vu la larme.

Il rapporte le livre
à Mila.

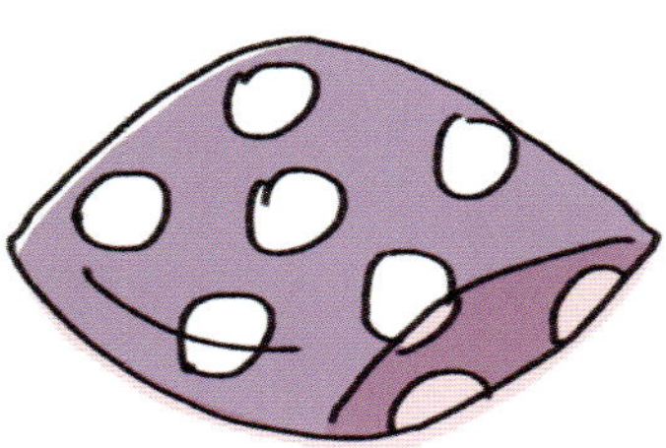

Noé murmure :

– Lis le mot.

ami

Mila le lit :

– a - mi.

ami !

Elle a réussi.

Mila et Noé rient.

Mila a un ami.

Noé a une amie.

Vive les amis !

VIVE LES AMIS !

Qu'as-tu retenu de l'histoire ?

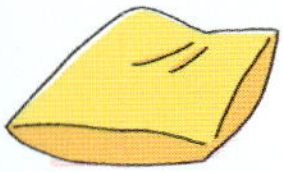

Où se déroule l'histoire ?

Dans la maison de Noé.

Te souviens-tu d'un mot que Noé a réussi à lire ?

Lama – lasso – salami.

Pourquoi Noé rit-il au début de l'histoire ?

Car il s'aperçoit qu'il parvient à lire.

Pourquoi Mila pleure-t-elle ?

Car elle n'arrive pas à lire.

Finalement, quel mot Mila arrive à lire ?

Ami.

Pourquoi Mila et Noé rient-ils à la fin ?

Parce qu'ils sont amis et que Mila a réussi à lire grâce à l'aide de Noé.

Création maquette et mise en pages : Céline Julien
© Nathan, 2018 – ISBN : 978-2-09-193268-2
N° éditeur : 10279847 - Achevé d'imprimer en France en février 2022 par Pollina - 41682